PLAN de 1713.

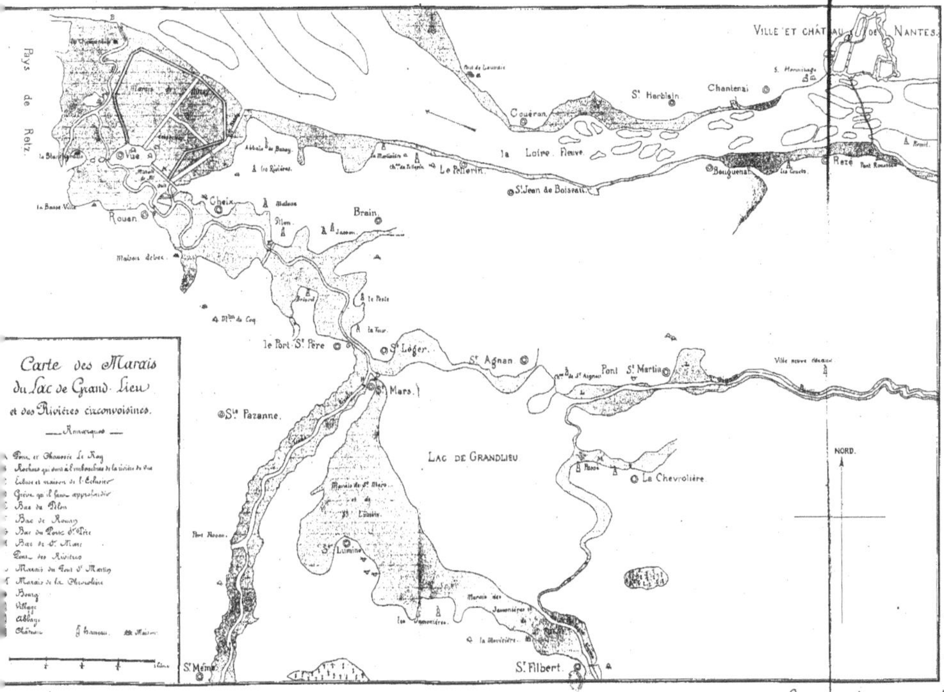

Carte des Marais
du Lac de Grand-Lieu
et des Rivières circonvoisines.

— Remarques —

A Pont et Chaussée le Roy
B Rochers qui sont à l'embouchure de la rivière de Vue
C Écluse et maison de l'Éclusier
D Grève qu'il faut approfondir
E Bac du Pélon
F Bac de Rouen
G Bac du Pont d'Ýre
H Bac de S.t Mars
  Pont des Rivières
I Marais du Pont S.t Martin
K Marais de la Chevrolière
  Bourg
  Village
  Abbaye
  Château   Hameau   Maison

Lieue

VILLE ET CHÂTEAU DE NANTES.
Pays de Retz
Marais de Vue
Ville
le Blanc
la Basse Ville
Rouen
Cheix
Maison
Pélem
Brain
Jaunay
Abbaie du Bourg
les Rivières
ch.eau de Tenpin
Le Pellerin
S.t Jean de Boiseau
la Loire fleuve
Couéron
S.t Herblain
Chantenai
S. Hermitage
Rezé
Pont Rousseau
Bouguenais
les Couets
Ançil
Pont de Lavrais
Maisons de bec
Bernard
le Perle
la Tour
M.lin du Coq
le Port S.t Père
S.t Léger
S.t Agnan
b.ge de S.t Agnan
Pont S.t Martin
Ville neuve
S.te Pazanne
Mars
Marais de S.t Mars
S.t Lumaire
Pont Rouau
S.t Lumine
LAC DE GRANDLIEU
Passa
La Chevrolière
Marais des Jamonières
les Jamonières
la Morinière
S.t Même
S.t Filbert
NORD.

Plan extrait des archives de la Loire Inférieure série C carton du Lac de Grandlieu
vu pour collation
Nantes ce 9 Mai 1881
L'archiviste du dép.t
Léon Maître

Pour copie conforme
Le Secrétaire Général

LE LAC DE GRAND-LIEU, département de la Loire-Inférieure, est la propriété du domaine public.

OPINION DES JURISCONSULTES

MM. WALDECK-ROUSSEAU PÈRE, ancien Bâtonnier de l'Ordre des Avocats à Nantes.

WALDECK-ROUSSEAU, Avocat près la Cour de Rennes, Député d'Ille-et-Vilaine.

BODIN, Avocat à la Cour de Rennes, doyen de la Faculté de Droit.

GRIVART, Bâtonnier de l'Ordre des Avocats à Rennes.

GENEVOIS, Avocat, Bâtonnier de l'Ordre à Nantes.

GAUTTÉ, Avocat à Nantes, Membre du Conseil de l'Ordre.

Depuis un temps immémorial, l'amas des eaux formé par le Tenu, l'Ognon et la Boulogne dans le bassin de Grand-Lieu a servi, comme les rivières qui l'approvisionnent et le desservent, de voies de communication aux nombreuses communes dont il baigne le territoire.

Il présente tous les caractères d'une portion du domaine

public : il est navigable, il a ses ports, sa circulation régulière, ses transports permanents, continus.

Mais, à côté de ces faits et de ces circonstances dont la portée ne peut être méconnue, se juxtaposent des prétentions d'un ordre tout privé ; une sorte de possession précaire, incomplète quoique abusive, a été savamment organisée, dont le but bien connu est d'arriver à incorporer au domaine particulier d'une famille cette vaste étendue de terrain couverte d'eau et devenue l'agentin dispensable de la circulation pour tout un pays.

Toutefois, jamais conquête privée n'apparut comme plus difficile ; c'est au point que, tandis qu'on voit les mêmes prétendants revendiquer en justice les communs de Bouaine en 1829, et ceux du Roussay en 1871, succombant d'ailleurs devant les textes des Lois des 28 Août 1792 et 10 Juin 1793, jamais ils n'ont tenté d'affirmer et de revendiquer en justice dans un débat public contradictoire, la propriété du Lac de Grand-Lieu.

C'est à d'autres moyens qu'ils ont fait appel : travaux destinés à retenir, à resserrer ou à détourner les eaux, à déterminer des dépôts, des limons et l'envahissement du Lac et des rives par des herbes jusqu'à présent inconnues dans ce pays, prétentions exclusives au droit de pêche : toute la procédure ordinaire et la tactique traditionnelle des revendications indirectes, latentes, travaillant à se constituer une possession d'état.

Cet état de choses s'est perpétué, semble-t-il, par un mélange habile de concessions et d'empiétements, qui se traduisent actuellement par ce fait bizarre d'une navigation publique co-existant avec des faits d'accaparement privé : une équivoque savamment entretenue destinée à obscurcir chaque jour davantage l'origine véritable et le caractère de la propriété jusqu'au moment où l'on croirait pouvoir obtenir comme évidente, la concession d'un droit qui n'est pas même litigieux, en ce sens qu'il ne paraît pas soutenable.

Si aventureux qu'il paraisse, ce calcul s'est vérifié et le moment a semblé venu de faire ce pas décisif lors des études préparées par l'Administration pour l'amélioration de la Vallée de l'Achenau.

On lit, en effet, dans le rapport de l'Ingénieur chargé de ces travaux :

« L'Achenau est navigable sur toute l'étendue de son cours. Le Tenu
» est navigable.... La Boulogne est navigable.... L'Ognon est naviga-
» ble.... *Les bateaux qui fréquentent la Boulogne et l'Ognon traver-*
» *sent le Lac pour aller rejoindre l'Achenau et la Lôire ;*
» *Le Lac de Grand-Lieu a été reconnu propriété privée ; les autres*
» *cours d'eau font partie du Domaine public !! »*

Ainsi, du rapport de l'honorable ingénieur, il résulte bien que le Lac de Grand-Lieu est *la continuation indispensable* de la Boulogne et de l'Ognon ; publique sur ces deux rivières, la navigation se poursuit sur le Lac : et ce Lac a été reconnu propriété privée ! bien qu'il soit pratiqué comme domaine public ; et malgré ce fait, malgré cette nécessité, il aurait été détaché du domaine public !! Quand ? Comment ? A quelle date et en vertu de quelles formalités ? — C'est ce que le rapport ne dit pas.

Mais, d'un trait de plume, plus de 4,000 hectares sont enlevés au domaine public, et les bénéficiaires, innommés dans le rapport, mais qu'il est facile de discerner entre tous les riverains, obtiennent ainsi, si de pareilles largesses étaient possibles, sans débat et sans coup férir, la superficie comme le fond du Lac de Grand-Lieu.

C'est dans ces circonstances que nous avons été consultés sur la question de savoir : *Si le Lac de Grand-Lieu peut être et a pu devenir une propriété privée.*

Cette question est entièrement subordonnée à celle de

savoir : Quelle est la nature des eaux du Lac de Grand-Lieu. S'il est reconnu que ces eaux sont navigables, il en résultera :

1° Qu'elles dépendent *naturellement* du domaine public ;

2° Que le Lac n'a pu devenir une propriété privée qu'en vertu d'une aliénation régulière consentie dans la forme exigée par les aliénations du domaine public.

Les eaux du Lac de Grand-Lieu sont navigables.

La démonstration de cette affirmation résulte et de la nature des lieux et des nombreux documents tant anciens que modernes, relatifs à leur régime.

Le Lac de Grand-Lieu est *naturellement* formé par l'accumulation des eaux dans un vaste bassin qui, suivant la tradition, aurait sept lieues de tour. Il reçoit trois rivières : La Boulogne, l'Ognon, le Tenu. Il est mis en communication avec la Loire par un quatrième cours d'eau, l'Achenau ; de telle sorte qu'il sert de trait-d'union, en quelque sorte, à un réseau de cours d'eau sillonnant un vaste territoire et mettant de nombreuses communes en communication avec le fleuve.

La Boulogne, l'Ognon, le Tenu, d'une part ; l'Achenau de l'autre, sont navigables, c'est là un fait dont la matérialité n'est pas plus contestable que les conséquences légales qui en découlent.

De temps immémorial, ils sont l'objet d'une batellerie active, qui dessert, au moyen des petits ports qu'elle rencontre, et les communes que ces cours d'eau arrosent, et les communes voisines, de sorte qu'un premier fait apparaît, à savoir : *Que la nappe d'eau, dite de Grand-Lieu, reçoit des eaux navigables et les transmet au fleuve par un cours d'eau également navigable.*

De ce seul fait, découlerait légalement, on le verra, la navigabilité du Lac de Grand-Lieu ; mais ce n'est pas la seule circonstance à relever.

L'agglomération des eaux, qui s'emmagasinent dans ce bassin naturel, sert elle-même à la navigation et est navigable : sillonnée par la batellerie, elle met en contact les communes ou paroisses de La Chevrolière, Saint-Philbert, Saint-Lumine-de-Coutais, Saint-Mars-de-Coutais, Port-Saint-Père, Saint-Léger, Bouaye, Saint-Aignan et le Pont-Saint-Martin : ces communes en usent comme d'une voie de transport. Sa navigation, comme celle des rivières ci-dessus désignées, a ses ports d'attache à Saint-Lumine, à Passay, à Pont-Saint-Martin, à Saint-Aignan, à l'Etier de Bouaye, au bourg de Bouaye, etc.

Ainsi considérées dans leur ensemble, à prendre droit par des faits matériels constants, et les eaux reçues, et les eaux conservées, et les eaux transmises, sont l'objet d'une navigation aussi ancienne que ces eaux elles-mêmes.

Tous les documents que l'on peut invoquer, et dont quelques-uns remontent à un siècle, ont reconnu cet état de choses.

En 1712, à l'époque où M. de Boussineau dressa le procès verbal du 6 juin, à l'occasion de la transaction avec les Religieux de Buzay, et quand fut rendu l'arrêt du Conseil d'Etat du 14 février 1713, la navigabilité du Lac fut affirmée.

Le sieur Roussel, ingénieur, est chargé de dresser un plan et faire rapport de la profondeur des eaux « tant dans » la rivière du Tenu *que dans le lac de Grand-Lieu*, afin

» qu'on puisse connaître et juger que le desséchement *ne*
» *sera point nuisible à la* NAVIGATION. »

Tous les intéressés à l'enquête ouverte tiennent le même
langage ; le fait de la navigabilité du Lac et de ses tributaires
ou dérivés est hautement affirmé.

Ceux qui font opposition au projet de desséchement in-
voquent : « l'incommodité qu'il y aura d'aller chercher un
» port bien loin, l'ayant à portée de fusil, pour envoyer ses
» vins, bois, fruits et autres denrées à Nantes (Charrette
» de Lajoue) » ; que le desséchement ne peut que « lui être
» nuisible..... par rapport à la *navigation* de ses bois, vins
» et denrées... » (sieur du Teillay), etc., etc...

Ceux qui approuvent, le font sous la réserve : « Que
» néanmoins ledit desséchement ne pourra nuire, ni préju-
» dicier au commerce de la *navigation*. » (Delaunay et
autres habitants de Saint-Philbert).

» Pourvu cependant, comme se le proposent les dessé-
» cheurs qu'on n'interrompe point *la navigation du lac de*
» *Grand-Lieu* jusqu'à la rivière de Loire (Georgelin, pro-
» cureur de l'abbaye de Villeneuve).

» Pourvu néanmoins que la *navigation* ne soit pas empê-
» chée à aller et venir au Lac de Grand-Lieu (Verneau).
» *Que la navigation du Lac de Grand-Lieu* et de la rivière
» du Tenu à la Loire pouvant être altérée par ledit dessé-
» chement, demande que les sieurs de la Blottière et de
» Liancé s'obligent à entretenir *lesdites rivières navigables*,
» COMME ÇA A ÉTÉ, *comme elle est à présent.* (Gallot, recteur
» de Saint-Mars). »

On pourrait multiplier ces citations. A vrai dire, ni les
demandeurs du desséchement, ni les riverains ne diffèrent
d'opinion sur le fait de la navigabilité du Lac et de ses
rivières ; il n'y a désaccord qu'en ce qui a trait aux conséquences du desséchement pour la navigation.

Le marquis de Crux, *auteur de Messieurs de Juigné,*
par son fondé de pouvoirs déclare : « que l'exposition du
» projet n'est pas sincère en ce qu'il dit que la rivière du
» Tenu paraît plutôt un canal creusé de mains d'hommes,
» tandis qu'il est constant que c'est et a toujours été *une*
» *rivière navigable*, par laquelle les eaux du Lac de Grand-
» Lieu se sont toujours écoulées. »

Et répondant à une objection tirée de son intérêt per-
sonnel à amoindrir les eaux du Lac : « *qu'il ne peut jamais*
» *interdire, ni ôter la communication des eaux du Lac aux*
» *paroisses et particuliers, à cause de leurs bestiaux et à*
» *cause de leurs denrées et effets qu'ils voiturent journelle-*
» *ment sur les eaux du Lac.* »

Madame la duchesse de Lesdiguières dit par son fondé
de pouvoirs :

« Que le projet ne saurait altérer la navigation dans la
» rivière qui va du port Saint-Même à la Loire *et autres*
» *entrants et sortants du Lac de Grand-Lieu,* parce que cela
» porterait tort et préjudice aux habitants du pays de Retz
» et paroisses voisines. »

Ainsi, à une époque où tous les cours d'eau navigables
allaient être repris par le domaine public, seigneurs riverains
et demandeurs au desséchement reconnaissent explicitement
la navigabilité des eaux *du Lac de Grand-Lieu; de ses*
entrants et sortants.

Tel était l'état évident des choses au commencement du
dernier siècle.

Franchissons un long espace de temps et arrivons à la
période contemporaine.

En 1878 l'état n'a pas changé ; les appréciations non plus.
Une enquête est ouverte à propos d'un projet de canal
maritime sur la rive gauche. Voici l'opinion exprimée par
la Société du Canal de Buzay, dont l'autorité a un intérêt
tout spécial dans la question :

« Un rapport de l'ingénieur Rousseau pourrait faire
» penser que cette navigation ne fonctionnerait que sur la
» rivière de l'Achenau, entre la Loire et le Lac de Grand-
» Lieu, et qu'elle serait de 21 kilomètres. Il importe de rec-
» tifier cette erreur sans doute involontaire.

» Cette navigation à 60 kilomètres *sur les voies d'eau* sui-
» vantes :

» 1° La rivière de l'Achenau, qui possède les ports de
» Messan, la Castière, la Gravelle, Port-Saint-Père ;

» 2° La rivière du Tenu, qui possède les ports de Saint-
» Mars-de-Coutais, Portfessan, Saint-Même, etc. ;

» 3° Le Lac de Grand-Lieu, qui offre les ports de Saint-
Aignan, Passay et autres ports ;

» 4° La rivière de l'Ognon navigable jusqu'au Pont-Saint-
» Martin ;

» 5° La rivière de la Boulogne navigable jusqu'au port de
» Saint-Philbert.

» Cette navigation est accessible aux grands bateaux
» plats qui circulent sur la Loire, et portent de 60 à 80 ton-
» neaux ; son importance annuelle peut être évaluée à
» 30,000 tonneaux......

» Cette navigation n'est assujettie à aucun chômage. »
Rien de plus précis, de plus net et de plus décisif.

Enfin, le rapport même des ingénieurs Résal et Chéguil-
laume serait à lui seul suffisant pour établir la navigabilité
incontestable de l'ensemble de ce régime d'eaux :

« L'Achenau est *navigable* sur toute l'étendue de son
» cours. — Le Tenu est *navigable* depuis le port du Prieuré
» jusqu'à son confluent avec l'Achenau. — La Boulogne
» est *navigable* sur 2,400 mètres, du bourg de Saint-Phil-
» bert au Lac. — L'Ognon est *navigable* du Pont-Saint-
» Martin au Lac. »

Ainsi, pas de doute ; toutes les eaux qui se dirigent vers
le Lac et celles qui en sortent sont *navigables*.

Il y a plus ; le rapport porte encore ce qui suit :

« Le Tenu, la Boulogne et l'Ognon ne sont, à proprement
» parler, *dans leurs parties navigables, que des appendices*
» *du Lac de Grand-Lieu. Ils ne forment avec lui qu'un*
» *seul et même plan d'eau.* »

Et le Lac ?.... Comment ne serait-il pas navigable, s'il
est formé d'eaux navigables ?.... Ses appendices étant navigables, comment pourrait-il ne pas l'être ?

Cette question est tranchée d'une ligne dans le rapport en
question ! L'honorable ingénieur *ne nie pas la navigabilité,*
parce qu'il faudrait nier la *navigation,* mais il indique sans
plus ample explication : « Que le Lac de Grand-Lieu *aurait*
» *été reconnu propriété privée :* Les autres cours d'eau
» font partie du domaine public. »

Il admet ainsi le fait d'une aliénation du domaine public au
profit d'un particulier! Quand? comment? sous quelle forme
cette aliénation s'est-elle produite ? Il n'en dit rien ! et l'on
peut croire, sans démenti, qu'il a jugé le fait assez peu im-
portant, pour accepter l'affirmation du soi-disant Propriétaire.

La Boulogne et l'Ognon sont, dit-il, l'objet d'une navigation active ; bien mieux, il ajoute que les bateaux qui les
fréquentent, traversent le Lac pour rejoindre l'Achenau !
et ces eaux, que traverse une navigation publique, auraient
été *reconnues propriété privée !!* On est jeté dans une véritable perplexité par ces quelques propositions qui se contre-
disent et se heurtent !

A quel signe les honorables ingénieurs reconnaissent-ils
que la Boulogne et l'Ognon sont du domaine public ?... A
ce qu'ils sont l'objet d'une navigation régulière ? Mais alors,
comment a-t-on pu reconnaître au même signe et à la même
caractéristique que le Lac de Grand-Lieu était une propriété
privée ?

Et si l'Achenau reçoit précisément tous les transports qui empruntent l'Ognon et la Boulogne, est-ce une manière d'améliorer la navigation que de les intercepter, en proclamant hautement que le Lac de Grand-Lieu est sorti du domaine public et que partout la circulation doit y être interdite ?...

Quoi qu'il en soit, ce rapport a le mérite de permettre de poser nettement la question :

En fait, le Lac, comme le Tenu, la Boulogne et l'Ognon, qui sont *ses accessoires, est navigable*, et tellement navigable qu'il est l'objet — d'une navigation dont l'origine se perd dans le passé.

Cela posé, ses eaux sont-elles, *par nature, du domaine public ?* Si oui, qui donc aurait pu les reconnaître propriété privée ? en d'autres termes, les distraire du domaine public ?

On pourrait montrer, que si, dans la pratique, les eaux navigables avaient été l'objet des entreprises continuelles des seigneurs sous l'ancien régime, en droit, il était cependant tenu pour constant, qu'elles étaient du domaine public et constituaient un droit régalien.

« Il y a des choses publiques, dit Duparc-Poullain, qui
» appartiennent au Roi : Ce sont les rivières navigables sans
» artifice. »... « Il est de maxime que les rivières naviga-
» bles naturellement et sans artifice appartiennent au Roi et
» que celles *qui ne sont pas navigables,* quoiqu'elles soient
» au nombre des choses publiques, appartiennent au sei-
» gneur particulier, dans l'étendue de son fief. »

L'Ordonnance de 1669 était catégorique : « Déclarons la
» propriété de tous fleuves et rivières portant bateaux, sans
» artifices ou ouvrages de mains, dans notre royaume, faire
» partie du domaine de notre couronne, *nonobstant tous*
» *titres et possessions contraires, etc.* »

D'ailleurs, la loi du 22 Novembre 1790, art. 2, fit cesser toutes les confusions qui pouvaient s'établir : elle fit rentrer dans le domaine de la nation, notamment les *rivières navigables*, et l'art. 538 de notre Code a sanctionné non moins énergiquement cette disposition.

Le régime des eaux navigables est donc certain, elles font partie du domaine public, *naturellement* et de leur essence : comme telles, elles sont *imprescriptibles* et l'aliénation en est soumise à des formalités *d'ordre public*.

Les eaux du Lac de Grand-Lieu eussent-elles été dans un domaine seigneurial, seraient donc rentrées, dès 1790, dans le domaine public :

1° Parce qu'elles sont navigables.

Il ne s'agit point là, d'une retenue d'eau constituée par un ou plusieurs particuliers sur leur domaine et pour leur utilité, mais d'une extension naturelle des eaux affluentes baignant plusieurs communes, sillonnées par leur navigation et qui est, au regard des rivières qui y déversent, comme une place est aux rues qui s'y débouchent.

2° Parce qu'elles sont formées par des rivières dont on ne nie pas la navigabilité, et cette seule circonstance suffirait.

Il ne se concevrait pas que les eaux de trois rivières publiques, tant qu'elles sont renfermées entre les bords étroits de leurs rives, devinssent *privées,* quand, par l'élargissement des bords, elles prennent une importance plus grande.

Lors même que la navigation ne s'y continuerait pas, qu'on n'y rencontrerait pas des grands chemins qui se croisent à l'infini, qui aboutissent à des ports, ce qu'on appelle le Lac constituerait tout à la fois, un trop plein-pour les affluents et un réservoir pour les dérivés. A ce titre seul, il serait du domaine public, comme les rivières elles-mêmes, aux termes d'une doctrine et d'une jurisprudence unanimes.

Mais, on n'en est pas réduit là. La navigation ne se borne pas à travers le Lac, en suivant, comme par une ligne idéale, le cours présumé des affluents; arrivés là, ces affluents n'ont plus qu'un lit, le Lac, et la navigation s'étend à toutes ses parties.

Aussi peut-on dire avec Dalloz : « Ce n'est qu'impropre-
» ment qu'on donne le nom de Lac, à ces grands amas
» d'eau, qui, comme le Lac de Genève, sont traversés par
» un fleuve ou *une rivière;* leur régime est le même que
» celui adopté pour le fleuve ou la rivière (*Eaux*, n° 75).

Rien n'est plus démonstratif, à notre avis, que l'examen du plan des lieux, annexé à cette Consultation.

Par la dépression naturelle du sol, de petites rivières se forment, enserrées dans des rives étroites; elles sont cependant navigables, tout le monde le reconnaît; leurs *frontières* peu à peu s'élargissent; le sillon étroit, où elles coulaient d'abord, s'ouvre de plus en plus, jusqu'au moment où la configuration des lieux leur permet de se répandre, en s'y confondant, sur un énorme espace, dans un même bassin.

Eh bien! la question que nous posons est celle-ci : *Comment les eaux de l'Ognon*, par exemple, *publiques parce qu'elles sont navigables alors qu'elles sont contenues dans un lit de quelques mètres de largeur,* deviendraient-elles *privées,* juste au moment où le sol, après les avoir ainsi contenues et resserrées, leur ouvre un lit qui a plusieurs lieues de diamètre? et quel n'eût pas été l'aveuglement de l'auteur inconnu de leur reconnaissance comme propriété privée !

En dehors d'une doctrine et d'une jurisprudence générales sur la propriété des eaux navigables, qui n'ont jamais varié, on peut consulter avec fruit les documents relatifs à l'attribution au domaine public de la rivière d'Erdre.

Dans cette espèce, la question se posait bien plus favorablement pour ceux qui en revendiquaient la propriété privée.

Il était constant qu'à *l'origine*, l'Erdre n'était qu'un ruisseau; que des travaux accomplis vers le VIIIe siècle, en avaient fait le lit navigable. La possession du droit de pêche avait été reconnue aux riverains par jugement passé en force de chose jugée, du 8 juin 1836.

Néanmoins, lorsque s'agite en 1842, la question de propriété des eaux de l'Erdre, le Tribunal de Nantes n'hésite pas à les attribuer au domaine public, dans une décision qui, par la fermeté, la précision des principes posés, forme un véritable abrégé de la matière.

Il renferme les prétendants à la propriété de l'Erdre dans ce dilemme : Ou l'Erdre était *naturellement navigable*, et elle appartenait au domaine royal, aujourd'hui domaine public ; ou elle a été *rendue navigable* par des travaux artificiels, alors elle était du domaine seigneurial, et, à *ce titre*, elle est rentrée dans le domaine public, de par la loi de 1790.

Les riverains opposent *leur possession ?* Le Tribunal répond : « Que la possession dont argumentent les défen- » deurs est inefficace, puisque l'Erdre est une dépendance » du domaine public et que le domaine public est impres- » criptible. »

Les riverains opposent des reconnaissances émanées de fonctionnaires de l'Etat, (telles que la reconnaissance à laquelle le rapport de l'Ingénieur M. Résal fait allusion, et telle que serait la reconnaissance qu'il passe) ? Le Tribunal répond : « Que l'opinion erronée de quelques administra- » teurs, leurs *reconnaissances* et même leurs actes, ne peu- » vent effacer le caractère de domaine public, lequel est » principalement de ne pouvoir être aliéné qu'en vertu d'une » Loi... »

Combien ces principes sont plus évidemment applicables quand il s'agit de savoir si des eaux navigables cessent de l'être, en droit, au moment où, en fait, elles le sont davantage !!

Une seule question, d'une grande simplicité, reste à traitera, savoir si cette portion du domaine public a été détachée au profit d'un particulier?

La famille de Juigné, dont les prétentions indirectes permettent de penser que c'est bien à elle que MM. les Ingénieurs ont fait allusion, est-elle en possession *d'un titre régulier quelconque*, établissant que le Lac a été reconnu propriété privée à son profit ?

Cette recherche n'est pas difficile, car pour constituer ce titre, il ne faudrait rien moins *qu'une Loi* ou un décret ayant force de Loi, comme ceux de la première période de l'Empire.

Rien de semblable n'apparaît, et c'est là, cependant, la *justification indispensable*.

Veut-on admettre qu'elle fut, par ses auteurs, propriétaire du Lac avant 1790 ? Il importerait peu ; la Loi de 1790 lui aurait repris cette propriété !

Qu'elle ait possédé, comme propriétaire, le Lac, depuis autant de temps qu'on voudra le supposer ? Ce serait inutile, car il est imprescriptible !!

Il faudrait une concession régulière et aucune concession ne lui a été faite.

A une certaine époque, la famille de Juigné paraît avoir essayé de se créer un titre avec deux soi-disant arrêtés préfectoraux, l'un de Messidor, l'autre de frimaire an XII, comme dans son procès relatif aux landes de Bouaine, elle avait déjà tenté de se créer un pareil titre avec deux autres arrêtés préfectoraux des 17 Ventôse an XI et 29 Nivôse an XII !

Ces arrêtés auraient eu pour objet de remettre les auteurs de Juigné en possession des biens qui avaient été confisqués et qui n'avaient pas été vendus. Mais de l'examen qu'on peut faire de ces prétendus documents, il ressort :

1° Qu'ils ne sont pas réguliers comme arrêtés, les uns

n'étant pas inscrits au registre des arrêtés, les autres n'étant pas signés, ni paraphés au registre de la Vendée (1);

2° Qu'ils manqueraient entièrement de précision, en ce qui concerne la propriété du Lac de Grand-Lieu;

3° Que, par leur nature même et leur but, qui aurait été de restituer aux auteurs de Juigné les *biens qui leur appartenaient*, ils ne pouvaient porter concession d'un immeuble faisant partie du domaine public ;

4° Qu'enfin, fussent-ils d'une régularité parfaite et eussent-ils voulu faire cette concession, ils auraient été impuissants à l'effectuer.

A peine est-il utile de mentionner une lettre ministérielle du 19 Septembre 1829 en réponse à une demande de M. de Grandville, tendant à obtenir l'autorisation de faire un canal latéral au Lac de Grand-Lieu.

Non-seulement il ne peut en résulter aucune concession du domaine public, mais la pièce en question se borne à laisser espérer une solution favorable, subordonnée toutefois à des mesures qui ont pour objet, précisément, de sauvegarder la navigabilité de la navigation du Lac.

La propriété du Lac au profit du domaine public étant constatée, la question *du droit de pêche* est par là même résolue.

Le droit de pêche n'est qu'un démembrement du droit de propriété et ne peut être, en conséquence, exercé que par le propriétaire.

Les textes ne sont d'ailleurs ni moins formels ni moins précis.

La loi des 6 et 30 Juillet 1793 s'exprime ainsi :

---

(1) Des décisions judiciaires intervenues dans le procès des Landes de Bouaine, il résulte implicitement que les arrêtés de la Vendée ont été, à bon droit, considérés comme sans valeur.

« La Convention nationale, sur la question de savoir si le
» droit de pêche est compris dans l'abolition générale des
» droits féodaux : passe à l'ordre du jour motivé sur ce que
» les droits exclusifs de pêche et de chasse étaient des droits
» féodaux, abolis par les décrets, comme tous les autres. »

« Les droits de pêche, dit la loi du 6 juillet, dans les
» rivières navigables ont été supprimés par les Lois aboliti-
» ves de la féodalité et sont restés à l'Etat.

» A compter du 1er Vendémiaire, nul ne pourra pêcher
» dans les fleuves et rivières navigables, s'il n'est muni d'une
» licence ou adjudicataire. »

On peut citer encore l'avis formel du Conseil d'Etat du 30
Juillet 1804 : Le Conseil d'Etat, sur le renvoi fait par l'Em-
pereur, d'un projet dont l'objet serait de maintenir *provisoi-
rement* les possesseurs des droits de pêche dans les fleuves
et rivières navigables, dont les titres seraient antérieurs à
l'Edit de 1566, est d'avis : *qu'on ne peut accepter le projet,*
la Convention nationale ayant, par décret du 30 Juillet 1793,
rangé les droits exclusifs de pêche et de chasse dans les
droits féodaux supprimés sans indemnité.

On peut ajouter enfin le jugement rappelé et relatif à la
rivière de l'Erdre :

« Considérant que le droit de pêche a été compris dans
» l'abolition des droits féodaux, ainsi que cela est expliqué
» notamment par les décrets des 6 et 30 juillet 1793, et que
» l'ont décidé une ordonnance royale du 22 janvier 1823 et
» deux arrêts de la Cour de Cassation des 8 mai 1826 et
» 29 juillet 1828.... Juge en conséquence que le droit de
» pêche est un accessoire de ce domaine et qu'il appartient
» à l'Etat. »

En résumé, les Conseils soussignés émettent l'avis suivant :

1° Le Lac de Grand-Lieu et les rivières qui s'y déversent,
comme celles qui en sortent, *sont navigables !*

Ils ont, de toute antiquité, servi et servent encore à une navigation importante et suivie ;

2º Il en résulte qu'ils sont, de leur nature, du domaine public, que la propriété en appartient à l'Etat et que cette propriété comprend nécessairement et spécialement le droit de pêche ;

3º Aucune concession valable n'apparaît, qui ait pu régulièrement en détacher tout ou partie, au profit d'un particulier.

Le 31 Octobre 1881.

J'adhère absolument à la consultation de mes confrères.

Pour adhésion,

J'adhère à la consultation ci-dessus, et j'estime que l'Etat ne devrait pas hésiter à poursuivre devant la juridiction compétente la restitution au domaine public du Lac de Grand-Lieu ; la solution de cette question paraît intéresser au plus haut point les populations riveraines et la salubrité du pays.

Pour adhésion,